우리는 친절해야 해요
세상의 모든 친절에 대하여

초판 1쇄 발행 | 2023년 3월 25일
초판 2쇄 발행 | 2024년 9월 10일

글쓴이 | 존 프란시스
그린이 | 조시 블록스
옮긴이 | 최순희

펴낸이 | 조미현
책임편집 | 황정원
편집진행 | 박단비

펴낸곳 | ㈜현암사
등록 | 1951년 12월 24일 · 제10-126호
주소 | 04029 서울시 마포구 동교로12안길 35
전화 | 02-365-5051 · 팩스 | 02-313-2729
전자우편 | child@hyeonamsa.com
홈페이지 | www.hyeonamsa.com
블로그 | blog.naver.com/hyeonamsa
인스타그램 | www.instagram.com/hyeonam_junior

Human Kindness
by John Francis, illustrated by Josy Bloggs
© 2022 What on Earth Publishing Ltd.
All rights reserved.
Korean translation rights © 2023 by Hyeonamsa Publishing Co., Ltd.
Korean translation rights are arranged with What on Earth Publishing Ltd.
through AMO Agency Korea.

ISBN 978-89-323-7586-1 77190

* 이 책의 한국어판 저작권은 AMO 에이전시를 통해 저작권자와 독점 계약한 ㈜현암사에 있습니다.
  저작권법에 의해 한국 내에서 보호를 받는 저작물이므로 무단 전재와 무단 복제를 금합니다.
* 책값은 뒤표지에 있습니다. 잘못된 책은 바꾸어 드립니다.
* 현암주니어는 ㈜현암사의 아동 브랜드입니다.

제품명 도서 | 제조년월 2024년 9월 | 제조국명 대한민국 | 사용연령 6세 이상
제조자명 ㈜현암사 | 전화 02-365-5051 | 주소 서울시 마포구 동교로12안길 35
주의 책 모서리에 부딪히거나 종이에 베이지 않도록 주의해 주세요.
KC 마크는 이 제품이 공동안전기준에 적합하였음을 의미합니다.

우리는 친절해야 해요

작가의 말

먼저 내가 친절을 실천하고, 친절에 관한 책을 쓸 수 있도록 안락한 가정을 꾸려 준 아내 마사와 두 아들 샘과 루크에게 감사하고 싶습니다. 가족과의 관계에서 나는 주로 받는 쪽이었어요.
또 이 책을 쓰도록 권한 친구, 크리스 로이드에게 감사 인사를 전합니다. 크리스 덕분에 나는 친절과 감사에 대해 더욱 깊이 생각하게 되었어요. 내게 필요한 책들과 기사를 보내 준 위스콘신 대학교 도서관 사서들께도 감사드립니다. 아울러 나의 편집자들과 집필 기간 내내 나를 격려해 준 '왓언어스' 직원들에 대한 감사도 빼놓을 수 없겠지요.

이 책을 온 세상의 '플래닛 워커(지구별 여행자)'와 스승들께 바칩니다.

우리는 친절해야 해요
세상의 모든 친절에 대하여

존 프란시스 글 조시 볼록스 그림 최순희 옮김

현암 주니어

차례

추천사	10-11
들어가는 말	12-13
내가 만난 친절들	14-15
친절은 무엇일까요?	16-17
가장 오래된 친절	18-19
고대의 친절	20-21
황금률	22-23
친절의 과학	24-25
세상 곳곳에는 친절이 가득해요	26-27
용감하다는 것은 뭘까?	28-29
의료 지원	30-31
자선의 왕	32-33
착한 발명품	34-35

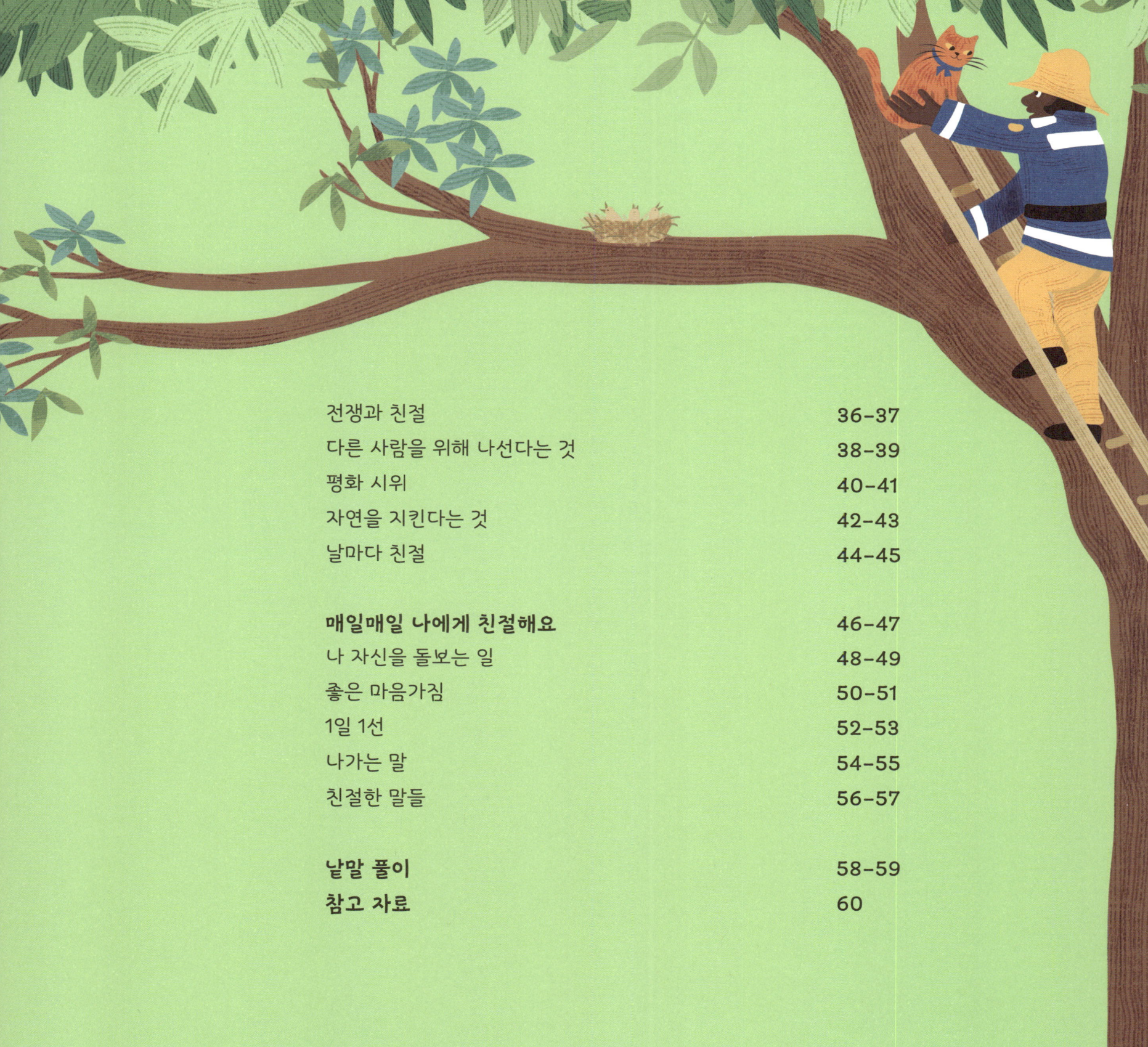

전쟁과 친절	36-37
다른 사람을 위해 나선다는 것	38-39
평화 시위	40-41
자연을 지킨다는 것	42-43
날마다 친절	44-45

매일매일 나에게 친절해요 46-47
나 자신을 돌보는 일 48-49
좋은 마음가짐 50-51
1일 1선 52-53
나가는 말 54-55
친절한 말들 56-57

낱말 풀이 58-59
참고 자료 60

추천사

나는 달라이 라마께서 "나의 종교는 친절이다."라고 말씀하시는 것을 여러 차례 들은 적이 있어요. 이 단순하고 강력한 한마디야말로 환경 운동가이자 아름다운 지구인으로 알려진 존 프란시스의 책, 〈우리는 친절해야 해요〉가 전하는 핵심이라 할 수 있지요. 여러분이 읽고 있는 바로 이 책 말이에요.

존 프란시스는 우리 지구별과의 연대 속에서 무려 17년 동안 말을 하지 않은 놀라운 분이에요. 그는 침묵을 수행하며 온 미국 땅을 여행했어요. 존 프란시스는 비폭력주의의 살아 있는 표본으로서, 지구와 지구인들을 위해 차를 타지 않고 두 다리로만 여행했어요. 그 여정에서 그는 수많은 친절을 경험했어요. 그의 존재는 여행 중에 사람들이 그에게 베푼 친절과 그가 마주 베푼 친절이 가능했다는 걸 말해 주고 있어요.

그는 순례의 경험을 통해, 온정과 연민의 크나큰 가치와 친절한 마음을 주고받는 당사자들, 그리고 옆에서 이를 지켜보는 사람들이 얻는 엄청난 이득을 깨달았어요. 존의 용감한 생애가 다른 사람들이 품고 있는 친절과 온정의 씨앗에도 물을 준 거예요.

친절과 온정은 다양한 모습으로 나타나요. 누군가를 구해 주거나 미소를 지어 주는 일, 배고픈 이에게 음식을 나눠 주거나 따뜻한 손길을 내미는 일, 혹은 내가 설립한 우파야 선 센터의 '유목민 클리닉 프로젝트' 같은 모습으로 나타나지요. 1981년, 나는 의료 혜택이 닿지 않는 네팔의 외딴 고지대 주민들의 고통을 목격하고, 유목민 클리닉 프로젝트를 시작했어요. 우리의 목표는 히말라야 고원의 오지 마을과 유목민 캠프로 직접 찾아가서 의료 지원을 제공하는 것이었어요. 네팔의 동료 의료인들 덕분에 이 프로젝트는 지금도 계속되고 있지요.

유목민 클리닉 프로젝트처럼, 존 프란시스의 기나긴 친절의 순례는 수많은 아름다운 파급 효과를 가져왔어요. 이 책은 그의 헌신적인 수행에서 태어난 선물 중 하나예요. 여러 해의 침묵 끝에 그는 지구와 지구의 모든 생명체를 위한 대변자가 되었고, 이 선물 같은 책은 우리도 이 세상을 향해 친절을 베풀 수 있다는 사실을 일깨워 줄 거예요.

우파야 선 센터 원장
조안 할리팩스 선사

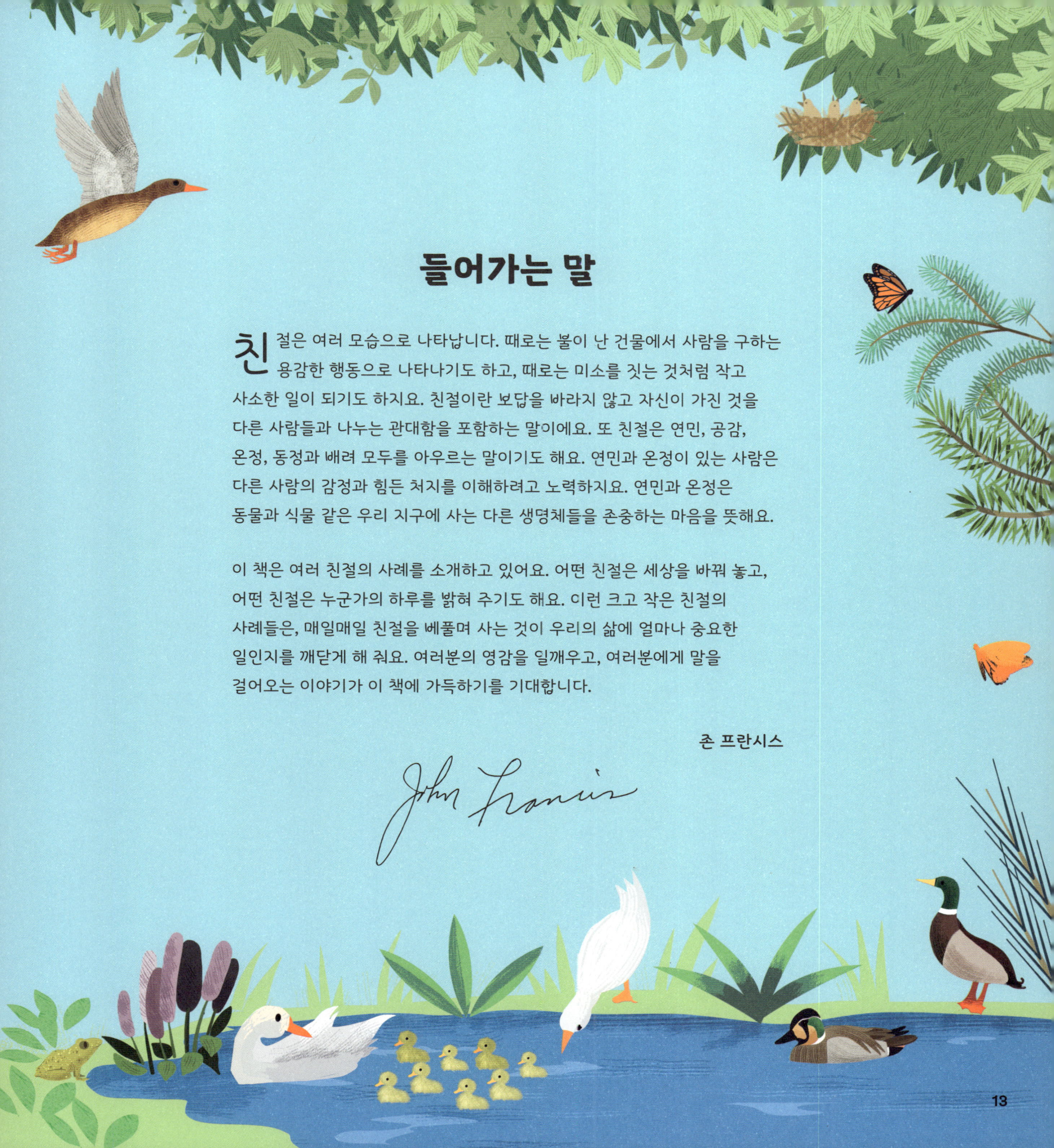

들어가는 말

친절은 여러 모습으로 나타납니다. 때로는 불이 난 건물에서 사람을 구하는 용감한 행동으로 나타나기도 하고, 때로는 미소를 짓는 것처럼 작고 사소한 일이 되기도 하지요. 친절이란 보답을 바라지 않고 자신이 가진 것을 다른 사람들과 나누는 관대함을 포함하는 말이에요. 또 친절은 연민, 공감, 온정, 동정과 배려 모두를 아우르는 말이기도 해요. 연민과 온정이 있는 사람은 다른 사람의 감정과 힘든 처지를 이해하려고 노력하지요. 연민과 온정은 동물과 식물 같은 우리 지구에 사는 다른 생명체들을 존중하는 마음을 뜻해요.

이 책은 여러 친절의 사례를 소개하고 있어요. 어떤 친절은 세상을 바꿔 놓고, 어떤 친절은 누군가의 하루를 밝혀 주기도 해요. 이런 크고 작은 친절의 사례들은, 매일매일 친절을 베풀며 사는 것이 우리의 삶에 얼마나 중요한 일인지를 깨닫게 해 줘요. 여러분의 영감을 일깨우고, 여러분에게 말을 걸어오는 이야기가 이 책에 가득하기를 기대합니다.

존 프란시스

내가 만난 친절들

나는 운이 좋게도 평생에 걸쳐 온갖 종류의 친절을 경험했어요. 내가 침묵을 선언하고 살았던 17년 동안은 특히 더 그랬지요. 그 당시 나는 걸어서 미국 곳곳을 여행했는데, 그런 중에 고마운 사람을 수도 없이 만났어요. 그들에게서 받은 친절과 배려는 내가 이 책을 쓰게 만든 동기가 되었어요. 내가 만난 친절 몇 가지를 여기에 소개해 보려고 해요.

1946년부터 지금까지
부모님은 나에게 우리 집 주위에 사는 다람쥐와 새 들을 보살피게 하셨어요. 또 내가 다른 사람에게 친절하게 행동하도록 가르치셨고, 그들도 내게 친절할 것을 믿고 기대하도록 하셨지요.

1976년
오리건의 또 다른 지역을 걷고 있을 때, 한 친절한 가족이 먹을 것이 떨어진 내게 식사를 대접해 줬어요. 그 보답으로 나는 거기 머물며, 그들이 새집을 짓는 것을 도와줬지요. 나는 친절은 친절을 낳는다는 것을 배웠어요. 그들이 나를 도와줬기 때문에 나도 그분들을 돕고 싶었어요.

1975년
내가 오리건주 남부까지 걸어갔을 때, 금광 광부 2명이 자신들의 통나무 오두막에 나를 재워 주고 저녁을 대접해 줬어요. 그 당시 금은 세상에서 가장 값진 물건이었지만, 두 사람은 다르게 생각했어요. 그들은 자연에서 살면서 서로에게 친절을 베푸는 것이 가장 가치 있는 일이라고 말했어요.

1987년
나는 미국 땅을 가로질러 동부로 향했어요. 그러다 사우스다코타주의 이글 버트에 있는 샤이엔 리버 수 인디언 부족 보호 구역에서 발길을 멈췄어요. 그들은 내게 따뜻한 식사를 제공하고 쉴 곳을 마련해 줬어요. 또 부족민들 가운데 누군가는 항상 나와 함께 있어 줬어요.

1984년
나는 2년을 걸어 몬타나 대학교에 도착했어요. 등록금을 낼 돈이 없었지만, 총장님은 내가 환경학 공부를 할 수 있도록 장학금을 마련해 주셨어요. 1987년에는 감사하게도 위스콘신 대학교에서도 도움을 받았어요. 거기서는 등록금과 생활비까지 지원해 줬어요. 두 학교가 보여 준 배려에 나는 평생 감사할 거예요.

1950년대
어머니와 친구분은 요양원에 계신 분들에게 과일과 케이크를 담은 바구니를 갖다드리곤 했어요. 나도 그분들의 선행에 따라 나섰어요.

1952년 무렵
미국 남부에 있는 친척 집에 가느라 버스를 탔을 때였어요. 그때만 해도 나 같은 흑인은 버스 뒷좌석에만 앉아야 했어요. 내가 시무룩해 있자, 한 부인이 내게 사탕을 주면서 위로해 줬어요.

1972년
나는 석유를 사용하지 않기로 결심하고, 미국 땅을 차를 타지 않고 걸어서 가로지르는 도보 여행에 나섰어요. 나는 얼마 지나지 않아 '플래닛 워커(지구별 여행자)'로 알려졌어요.

1971년
샌프란시스코만에서 유조선 두 대가 충돌하는 것을 목격했어요. 기름 유출로 바다와 해양 생물들이 오염되는 광경은 내 삶을 송두리째 바꿔 놓았어요.

1973년
나는 말도 하지 않기로 마음먹었어요. 나는 침묵 속에 지구별을 계속해서 여행했어요.

2008년
캘리포니아에서 열리는 테드 회의에서 연설해 달라는 요청을 받았어요. 나는 침묵 순례에서 배운 것들에 대해 이야기했어요. 그 연설을 통해 우리 지구를 살리자는 메시지를 널리 퍼뜨리고 싶었어요.

1990년
나는 사람들의 이야기에 귀 기울이고, 환경을 공부하면서 17년 동안 미국 곳곳을 걸어서 횡단했어요. 그러자 하고픈 말이 생겨났어요. 나는 다시 말을 하기로 마음먹고, 오랜 침묵을 깨는 날로 1990년 4월 22일, 지구의 날을 택했어요. 환경과 다른 사람들을 위해 목소리를 낼 것을 나 자신에게 다짐하기 위해서였어요.

오늘날
지금 나는 가족과 함께 뉴저지주에서 살아요. 우리는 서로를 돌보고, 우리 집 주변의 야생 동물들을 보살펴 주고 있어요. 주로 나무에서 떨어진 새들이나 봄비가 내려 굴이 물에 잠긴 아기 토끼들을 보살피지요. 부모님이 내게 그랬듯이, 나도 내 아이들에게 모범을 보여 줌으로써 친절을 가르치려고 노력해요.

가장 오래된 친절

친절은 우리 인류만큼이나 오래된 것인지도 몰라요. 문자 기록이 없으니, 우리는 선사 시대 사람들이 어떻게 살았는지 정확히 알 수 없어요. 그래서 고고학자들은 우리 조상들이 남긴 유골에서 단서를 찾기 위해 연구했어요. 그 결과, 선사 시대에도 인류가 서로에게 친절을 베풀었다는 사실을 알아냈어요. 먼 옛날에는 공동체 내에서 다른 사람을 보살펴 주는 행동으로 나타났을 거예요.

친척을 보살펴 준 원시 인류

1957년, 한 고고학자가 4만 5천 년 된 해골을 발견했어요. 그 해골은 가까운 친척에게 받은 친절을 보여 주는 가장 오래된 증거 중 하나예요. 이라크에서 발견된 이 해골에는 '샤니다르 1'이라는 이름이 붙여졌어요. '샤니다르 1'은 여러 군데 부상을 입었고, 한쪽 팔에 상처가 남아 있었어요. 아마 시력과 청력도 잃었을 거예요. 이런 부상에도 그는 40이 넘도록 살았어요. 그 시대에 40살은 아주 많은 나이거든요! 그가 살 수 있었던 것은 친구들이나 가족이 그를 보살펴 줬기 때문일 거예요. 주변 사람들이 그의 상처를 치료해 주고, 먹을 음식과 머물 곳을 마련해 줬다는 말이지요.

고대의 친절

인류가 처음 문자를 쓰기 시작한 것은 기원전 3400년 무렵이에요. 역사가들은 고대 문서를 연구해서 먼 옛날의 생활 모습을 알아내요. 우리는 기록을 통해 그 시대 사람들의 삶의 신조를 엿볼 수 있는 거예요. 또 그들이 무엇을 중요하게 여겼는지도 알 수 있지요.

고대의 삶은 힘겨웠어요. 땅과 물 같은 자원을 두고 전쟁도 수없이 일어났어요. 하지만 그런 중에도 평화와 온정을 실천하는 사람들은 항상 있었어요.

인류 사회는 엄청난 변화를 겪었어요. 하지만 우리는 아직도 고대 사상가들의 영향을 많이 받고 있어요. 먼 옛날의 사상가들이 친절과 배려에 대해 어떤 말을 남겼는지 알아보고, 거기서 교훈을 얻어 보는 건 어떨까요?

● **고대 로마의 사상들**

마르쿠스 아우렐리우스는 서기 161~180년에 집권한 로마 황제였어요. 그가 쓴 〈명상록〉에는 친절에 대한 이야기가 나와요. 그는 다른 사람이 내게 불친절할 때도 친절을 베풀어야 한다고 말했어요.

● **하우데노사우니족**

하우데노사우니족은 북아메리카에서 4,000년을 넘게 살아온 인디언 부족이에요. 먼 옛날부터 그들은 항상 다 함께 모여서 모든 결정을 했어요. 이 전통은 오늘날까지도 계속되고 있어요. 하우데노사우니족은 자연을 매우 경외하고, 지구를 아껴요.

● **중앙아메리카**

마야 제국(서기 250~900년) 사람들이 친절에 대해 어떻게 생각했는지 짐작할 수 있는 기록은 많지 않아요. 그러나 오늘날 마야인들의 관습을 살펴보면 조금 추측해 볼 수는 있어요. 마야인들은 모든 사람이 친절한 본성을 갖고 있다고 믿어요. 그들은 사람들이 서로를 돕고, 가진 것을 나누고, 존중할 것을 기대하지요.

● **남아프리카인의 인류애**

남아프리카 사람들은 예로부터 '우분투' 원칙에 따라 살았어요. '우분투'는 "네가 있기에 내가 있다"는 사상이에요. 이런 생각은 나와 내 주위 모든 사람이 서로 연결되어 있다는 유대감을 일깨워 줘요. 대대로 이어져 내려온 '우분투' 정신은 지금도 이 지역 사람들에게 큰 영향을 끼치고 있어요.

고대 그리스 연극

고대 그리스 연극 '투덜이'는 기원전 316년에 처음 공연되었어요. 그 연극엔 '선행 나누기'의 사례가 처음으로 나와요. '선행 나누기'는 누군가 내게 친절을 베풀면, 나도 다른 사람에게 친절을 베푸는 선행의 연쇄 작용을 보여 줘요.

이슬람의 교훈들

예언자 마호메트는 이슬람교를 창시했어요. 그의 행동은 동정에 대한 교훈을 보여 주고 있어요. 서기 600년, 마호메트는 함께 일하던 동료가 우는 것을 보았어요. 그 사람은 몸이 아픈 것을 참으면서 돌절구에 밀을 빻느라 애를 쓰고 있었어요. 마호메트는 그의 일을 대신 해 줬어요. 그 일꾼이 쉴 수 있도록 자신이 대신 밀을 빻아 준 거예요.

고대 중국 사회

공자는 고대 중국 사상가예요. 그는 기원전 551~479년에 살았어요. 공자는 좋은 사회란, 모든 사람이 서로에게 온정을 베푸는 사회라고 믿었어요. 그는 제후(봉건 시대에 일정한 영토를 가지고 백성을 지배하는 권력을 가지던 사람)들에게 권력을 자신의 이익을 위해 사용할 게 아니라, 그들이 다스리는 백성들을 위하는 데 써야 한다고 충고했어요.

고대 인도의 평화

기원전 260년경에 벌어진 칼링가 전투는 참혹했어요. 인도 제국의 아소카 왕은 피비린내 나는 전쟁의 참상을 보고는 두 번 다시 폭력을 쓰지 않기로 맹세했어요. 그는 온정과 연민과 자비를 베푸는 왕으로 알려졌어요. 아소카 왕은 병원을 설립하고, 백성들이 깨끗한 물을 마실 수 있도록 우물을 팠어요. 또 동물 학대를 금지했지요.

고대 이집트 문서

고대 이집트에서는 인간의 정신이나 영혼의 일부분을 이루는 생명의 힘을 '카'라고 불렀어요. 이집트인들은 이 '카'가 친절한 마음을 갖게 한다고 생각했어요. 그림 글자인 그들의 상형 문자에는 '카'가 팔꿈치에서부터 위로 들어 올린 한 쌍의 팔로 묘사되어 있어요.

마오리족의 환영 인사

마오리족은 서기 1200년경 지금의 뉴질랜드에 정착했어요. 그들의 전통 중 하나는 '마나아키탕아'예요. '마나아키탕아'는 타인에게 사랑과 온정을 베푸는 마음을 뜻해요. 손님을 환대하고, 사람들과 주변 환경을 사랑과 존중으로 대하는 마음이지요. 마오리족의 전통 인사법은 자신의 이마를 상대방의 이마에 대고 누르는 거예요.

황금률

고대부터 지금까지, 사람들은 친절을 베풀 새로운 방법들을 궁리해 왔어요. 놀랍게도 여러 종교와 문화권에서 생각해 낸 방법들은 서로 매우 닮아 있어요. 하지만 각각의 방법이 전하는 핵심 메시지는 똑같아요. 내가 남에게 대접받고자 한다면, 나도 남을 대접하라는 것이지요. 이런 가르침을 황금률이라 해요. 황금률은 우리의 공감 능력을 일깨워 줘요. 공감 능력은 다른 사람의 기분을 이해하거나 같은 감정을 느끼는 능력을 말해요. 또 황금률은 다른 사람에게 어떻게 행동해야 하는지도 가르쳐 줘요. 예를 들어 남의 물건을 훔치는 행동은 나쁜 행동인데, 황금률에선 남이 내 것을 훔치면 나도 싫을 것이기 때문에 도둑질을 하지 말라고 가르쳐요. 황금률은 여러 문화권에서 다양한 방식으로 표현되고 있어요.

"네 이웃의 이익을 내 이익으로, 네 이웃의 손해를 내 손해로 여기라."
도교 경전인 〈태상감응편〉에 나오는 말로, 인간의 행동에 따라 상과 벌이 나뉘는 이치를 설명하는 가르침.

"우리는 다른 사람에게 받고 싶은 대로 그들을 대해야 한다."
전설 속의 잉카 제국 설립자, 망코 카팍의 말.

"나는 내가 스스로에게 행하는 것과 같이 남에게도 행할 것이다."
불자들이 따라야 할 교리를 가르치는 〈시갈로바다경〉에 나오는 말씀.

"이웃을 내 몸처럼 사랑하라."
〈모세오경〉의 레위기 19장 18절에 나오는 말씀. 구약 성서라고도 하는 유대교 성서의 첫 부분인 〈모세오경〉은 유대인과 기독교인에게 신성한 율법서이다.

친절의 과학

인간은 무리 지어 살도록 진화한 사회적 동물이에요. 친절은 남들과 잘 지내기 위해 우리가 본능적으로 하는 행동인 거죠. 우리는 사랑하는 사람과 공동체 내의 다른 사람들에게는 곧잘 친절을 베풀어요. 여러 연구에서 친절이야말로 인류가 지금까지 살아남는 데 성공할 수 있었던 이유 중 하나라고 설명하고 있어요. 우리 조상들은 깡깡 얼어붙은 빙하 시대와 같은 힘든 시기를 견디기 위해 서로 협동했어요. 친절은 오늘날 우리에게도 큰 이익을 가져다줘요. 친절은 우리 공동체를 돕고, 건강에도 좋으며, 우리를 행복하게 해 줘요.

행복 호르몬

다른 사람에게 친절을 베풀면 기분이 좋아져요! 몸에서 호르몬이라고 불리는 특정 화학 물질이 나올 때 우리는 좋은 기분을 느껴요. 이런 화학 물질은 우리 몸이 보내는 신호예요. 호르몬은 혈류를 타고 돌면서 성장, 기분과 같은 몸과 마음의 많은 것들을 통제해요. 우리가 친절을 베풀 때 나오는 호르몬 중 하나가 세로토닌인데, 세로토닌은 우리에게 기쁜 마음을 들게 해요. 또 다른 종류의 호르몬으로는 엔도르핀이 있어요. 엔도르핀은 스트레스와 통증을 없애 주지요. 친절을 베풀면 혈압이 낮아지고, 면역 체계가 개선되어 질병을 더 잘 물리칠 수 있게 된다는 연구 결과도 있어요!

꼬리에 꼬리를 무는 친절

남에게 친절을 베풀 때나, 남들이 우리에게 친절을 베풀 때도 우리는 행복을 느껴요. 심지어 누군가 다른 사람에게 친절을 베푸는 것을 보기만 해도 행복해지지요! 어떤 식으로든 친절한 행동을 경험하면 기분이 좋아지는 거예요. 대개 하나의 친절은 다른 친절을 낳고, 그 친절은 또 다른 친절을 낳아요.

친절은 언제나 이타적일까?

과학자들은 인간이 왜 지금처럼 행동하게 됐는지 수백 년 동안 연구해 왔어요. 우리는 단지 이익이 있을 때만 착한 일을 하는 이기적인 동물일까요? 아니면 진짜로 그냥 착하고 싶어서 착한 행동을 하는 걸까요? 개인이 얻는 어떠한 이익 없이 다른 사람을 위해 무언가를 하는 것을 이타주의라고 해요. 그러나 친절한 행동을 하는 사람이 모두 이타적인 것은 아니에요. 때로 우리는 그저 기분이 좋아지기 때문에 친절을 베풀기도 하거든요. 어떤 과학자는 우리가 친절한 행동을 하는 이유가 그것이 건강에 좋고, 행복을 느끼게 하기 때문이라고 말해요. 친절을 베풀 때 신체의 고통이 줄어든다고도 하고요. 어찌 됐든 우리는 한낱 인간일 뿐이고, 자신의 행복을 추구하는 것을 나쁘다고 말할 수 없겠지요. 만약 그 때문에 다른 사람에게 친절을 베풀고 착한 일을 하게 된다면, 그것보다 멋진 일이 어디 있겠어요?

용감하다는 것은 뭘까?

여러 선행 이야기에는 남을 구하기 위해 자신의 목숨을 아끼지 않는 놀라운 사람들이 나와요. 소방관과 긴급 출동 요원들은 타인을 위해 매일같이 자신의 목숨을 걸고 있어요. 평범한 사람 중에도 그런 용감한 분들이 있지요. 그들은 남을 돕기 위해 예상치 못한 상황이나 위험한 상황에서 행동에 나서는 거예요.

모두에게 교육을!

말랄라 유사프자이는 1997년, 파키스탄의 스와트 밸리에서 태어났어요. 2008년, 이 지역을 장악한 탈레반 일당은 여자아이들이 학교에 가는 것을 금지했어요. 말랄라는 여자아이들도 교육받을 권리가 있다는 것을 공개적으로 주장했어요. 이것은 매우 위험한 일이었어요. 하지만 말랄라에겐 자신의 안전보다 지역민들이 교육받을 권리가 더 중요했어요. 말랄라가 15살이 되던 해, 탈레반군이 말랄라에게 총을 쐈어요. 말랄라는 병원으로 옮겨져 치료를 받았지요. 다행히도 말랄라는 완전히 회복됐고, 자신의 이름을 딴 말랄라 기금 모금 운동을 시작했어요. 이 자선기금은 모든 여자아이에게 교육받을 기회를 제공하기 위해 쓰이고 있어요.

난파선 생존자

1912년, 영국 여객선 타이타닉호가 북대서양에서 빙산과 충돌해 침몰했어요. 많은 승무원과 승객이 구명보트를 타고 탈출했지요. 그러나 구명보트에는 모든 사람을 다 태울 자리가 없었고, 안타깝게도 수백 명이 목숨을 잃었어요. 하급 장교 해럴드 로는 구명보트 한 척에 승객들을 대피시킨 다음, 바닷물에 빠진 생존자들을 더 찾아 태우려고 했어요. 하지만 다른 상급 장교들은 반대했어요. 물에 빠진 사람들을 더 태우면 보트가 너무 무거워져서 가라앉을 테고, 모두가 죽을 수도 있기 때문이었어요. 하지만 로는 목숨을 걸고 난파선 주위 얼음물 사이를 돌아다녔어요. 결국 그는 네 명을 더 구조할 수 있었어요.

자유를 찾아 달아나다

1800년대에는 미국 남부에 백만 명도 넘는 노예가 있었어요. 해리엇 터브먼도 그런 노예 중 하나였어요. 1849년, 해리엇은 자유를 찾아 달아났어요. 노예들과 '역'이라고 부르는 은신처들을 연결하는 비밀 지하 조직인 '지하 철도'를 이용해 자유 북부로 도망친 거예요. 해리엇은 탈주에 성공한 뒤에도 여러 차례 남부로 되돌아가 70명의 노예를 구출했어요. 이는 엄청나게 용감한 행동이었어요. 탈주 노예들이 다시 잡히면 매질을 당하거나, 심하면 목숨을 잃기도 했거든요.

의료 지원

의료계에서 일하는 사람은 전 세계를 통틀어 수백만 명이 넘어요. 이들은 온종일 남을 도우며 하루를 보내요. 그들은 환자의 통증을 덜어 주고, 상처를 치료하고, 질병을 예방하는 일을 하지요. 환자를 보살피기 위해 온 힘을 쏟는 거예요. 코로나19가 퍼지고 팬데믹이 선포되자, 의료인이 얼마나 대단하고 중요한 일을 하는지 깨닫는 사람이 많아졌어요. 그들의 놀라운 업적 중 몇몇 이야기를 소개해 볼까 해요.

위생의 중요성을 알리다

1854년, 간호사 플로렌스 나이팅게일은 크림 전쟁 중 부상병들을 간호하기 위해 튀르키예의 한 병원으로 갔어요. 병동은 더럽고 복작거렸어요. 안타깝게도 부상병들은 계속해서 사망했어요. 나이팅게일은 그들이 상처 때문에 죽는 것이 아니라, 병원에서 옮은 병 때문에 목숨을 잃는다는 사실을 알게 되었어요. 나이팅게일은 병원을 더 청결하고 안전한 곳으로 만들기 위해 애썼어요. 그 덕분에 많은 부상병이 목숨을 구할 수 있었지요. 영국으로 돌아간 나이팅게일은 병원을 보다 청결하게 만들기 위해 캠페인을 벌였어요. 나아가 간호사 양성 학교를 세웠는데, 오늘날 위생 기준이 만들어진 계기가 되었어요.

백신 자원봉사자

바이러스는 수천 년 동안 인류를 위협해 왔어요. 다행히 백신이 생기긴 했지만, 이를 개발하는 과정이 쉽지만은 않았어요. 백신이 안전한지 실험하려면 용감한 지원자들이 필요했거든요. 코로나19 바이러스가 생겨난 이후, 영국에서만 약 50만 명의 지원자들이 백신 실험에 참여했어요. 용감한 자원봉사자들이 우리 모두를 위해 위험을 무릅쓰고 행동에 나선 거예요.

히말라야를 오르는 의사들

누구나 살다 보면 의료 지원이 필요한 순간이 오기 마련이에요. 하지만 가까이에 의사가 없다면 어떨까요? 많은 사람은 지금 이 순간에도 병원이 드물거나, 아예 없는 지역에 살고 있어요. 이들은 위험한 산길을 올라와 주는 의료진에게 의지할 수밖에 없어요. '유목민 클리닉'은 의료 혜택을 누리지 못하는 유목민을 위해 산을 오르는 용감무쌍한 의료진이에요. 이 단체는 미국 뉴멕시코주의 우파야 선 센터 선사인 조안 핼리팩스가 1981년에 설립했고, 현재는 미국 뉴멕시코주의 우파야 선 센터에서 주관하고 있어요. 해마다 의사, 등반가, 보조 요원이 말을 타고 왕복 274킬로미터 거리의 히말라야 산길을 오르내리고 있어요. 히말라야 산골 주민들을 진찰하고, 의약품을 가져다주기 위해서 말이지요.

자선의 왕

친절을 베푸는 또 다른 방법은 자선기금을 모으는 거예요. 전 세계에는 수많은 자선 단체가 있고, 그들의 목표는 제각각 모두 달라요. 그러나 그 핵심에는 친절과 온정과 자비심이 있어요. 내가 설립한 자선 단체 '플래닛 워크'는 사람들의 도보 여행을 돕고 있어요. 도보 여행은 환경 교육을 돕고, 책임감과 평화의 중요성을 일깨우지요. 이러한 목표들은 내게 가장 중요한 가치예요. 만약 여러분이 자선 단체를 만든다면, 어떤 일을 목표로 삼고 싶나요?

동물 보호

사람만 자선 단체의 도움을 받는 것은 아니에요. 동물을 돕는 단체도 있답니다. 그중 하나가 '세계자연기금(WWF)'이에요. 이 단체는 1961년, 인간의 행동 때문에 위험에 처한 동물을 보호하기 위해 설립되었어요. 세계자연기금은 설립된 첫해에 북아메리카의 흰머리수리와 같은 야생 동물 보호 사업을 지원했어요. 또 남아메리카의 콜롬비아에 소규모 조수 보호구 (야생 동식물 보호법에 의거하여 수렵이 금지된 구역)를 세우기도 했어요. 오늘날 세계자연기금은 세계에서 가장 널리 알려진 동물 보호 단체 중 하나예요. 그들은 멸종 위기로 지정된 아시아 호랑이 연구와 보호에 힘쓰고 있어요. 2016년, 세계자연기금은 100여 년 만에 처음으로 야생 호랑이의 개체 수가 증가했다고 발표했어요.

교육 기회의 제공

사피나 후세인은 인도 뉴델리의 가난한 집안에서 자랐어요. 사피나는 어렵사리 가난한 환경을 벗어나, 런던의 정경 대학에서 공부하게 되었어요. 하지만 사피나는 자신의 출신 배경을 잊지 않았고, 결국 인도로 돌아가 자신과 같은 여자아이들을 돕는 자선 단체를 설립했어요. 현재 사피나가 세운 '소녀 교육'은 수백만 명의 여자아이들이 꿈을 이룰 수 있도록 학교에 다니는 것을 돕는 일을 해요.

깨끗한 식수를 제공하는 **노래방**

자선 빵 판매 행사

무료 급식 마라톤 대회

의료비 모금 운동

코로나19는 많은 사람에게 슬픔을 안겨 줬어요. 하지만 그런 중에도 기쁨과 감사의 순간들도 많았지요. 톰 무어 경은 자가 격리 기간을 의미 있는 일에 쓰려 했어요. 2020년 봄, 무어 경은 99살의 몸으로 자기 집 정원을 걸어서 돌기 시작했어요. '영국 국립 보건원(NHS)'에 전달해 줄 기금을 마련하기 위해서였어요. 다른 사람의 생명을 위해 위험을 감수하는 보건원 직원들에게 감사를 표현하려는 그분만의 방식이었지요. 톰 경은 전국적인 영웅이 되었고, 3천만 파운드가 넘는 자선기금을 모았답니다.

옥스팜

빈곤 없는 세상

제2차 세계 대전 중이던 1942년, 영국 옥스퍼드의 한 단체는 그리스에서 굶주리고 있는 사람들에 대한 소식을 듣게 되었어요. 그들은 그리스에 보낼 식량을 모으기 위해 캠페인을 벌였지요. 이 단체는 '옥스퍼드 기근 구제 위원회'라는 이름으로 알려졌어요. 이들은 전쟁 후에도 활동을 넓혀 갔고, 오늘날 '옥스팜'이란 이름으로 활동하고 있어요. 옥스팜은 모든 사람이 동등하게 대우받는, 빈곤 없는 세상을 만들기 위해 결성된 범세계적인 자선 단체예요. 옥스팜은 90여 개 국가에서 활동하고 있으며, 2020년에는 2천 5백만이 넘는 가난한 사람들에게 도움을 줬어요.

착한 발명품

인간은 모두 위대한 발명가예요. 많은 발명품은 삶을 더 쉽고 편리하게 해 주기 위해 만들어졌어요. 어떤 발명품은 도움이 필요한 누군가를 위하는 선한 마음에서 생겨났고요. 여기, 사람과 동식물의 삶을 더 쉽고, 안전하고, 건강하게 만드는 경이로운 발명품 몇 가지를 소개할까 해요. 이 발명품들처럼, 여러분도 인류에게 도움이 될 만한 물건을 발명해 보는 건 어떨까요?

환경을 보호하는 액체 용기

영국에 있는 '노트플라'라는 회사는 먹어도 되는 액체 용기를 발명했어요. 플라스틱 대신 사용할 수 있는 이 용기는 플라스틱 쓰레기를 줄이기 위해 개발되었지요. 용기는 공 모양이고, 해초 추출물로 만들어져서 물이나 다른 액체를 담을 수 있어요. 지금까지는 주로 달리기 대회나 음악 축제에서 사용되었지만, 재난 지역에 깨끗한 물을 공급하는 데 쓰일 수도 있을 거예요.

개구리를 위한 친절한 발받침, 프로그로그

수영장은 개구리, 도마뱀, 다람쥐, 생쥐 같은 작은 동물들에게 위험한 장소가 될 수도 있어요. 수영장 물에 빠지기라도 하면 가파른 벽면을 힘들게 기어 올라가야 하거든요. '프로그로그'는 이런 작은 동물들이 발을 딛고 물 밖으로 나갈 수 있도록 경사로를 붙여 놓은 공기 주입식 발판이에요.

**휠체어 사용자들을 위한
계단을 오르는 의자**

취리히의 스위스 국립 공과 대학교 학생들은 계단을 오를 수 있는 근사한 로봇을 만들었어요. 얼마 후, 그들은 이 발명품의 새로운 쓰임새를 발견했어요. 로봇에 의자를 달아서 휠체어를 만든 거예요! 2017년, 학생들은 '스케보'라는 회사를 세워, 계단을 오를 수 있는 획기적인 전동 휠체어를 세상에 내놓았어요.

깨끗한 식수를 만드는 폴리글루

2002년, 일본의 한 회사가 간장용 콩으로 특별한 가루를 만들었어요. 이름은 '폴리글루'라고 지었지요. 이 가루를 더러운 물에 넣으면, 가루가 흙먼지에 달라붙어 먼지와 함께 그릇 바닥에 가라앉아요. 그러면 위에는 깨끗한 물만 남는 거예요. 이렇게 걸러 낸 둘은 안심하고 마실 수 있어요. 폴리글루는 깨끗한 식수가 없는 가난한 지역이나 재난이 닥친 곳에서 사람의 생명을 구할 수 있게 도와줘요.

바다를 구하는 씨빈

바다 위의 쓰레기통 씨빈은 호주에서 개발되었어요. 씨빈의 목표는 한 번에 한 조각씩 쓰레기를 주워서 바다를 청소하는 거예요. 항구에 설치된 씨빈은 바닷물과 함께 해양 쓰레기들을 빨아들이지요. 자원봉사자들이 쓰레기가 가득 찬 씨빈을 비우면, 과학자들은 정확히 어떤 쓰레기들이 바다를 오염시키고 있는지 조사해요. 씨빈 한 개가 매년 1.5톤의 해양 쓰레기를 수거하고 있어요.

전쟁과 친절

인간이 무리 지어 살기 시작한 이후부터 전투와 전쟁은 늘 일어났어요. 전쟁은 죄 없는 사람들에게 잔인한 폭력을 휘두르지요. 하지만 참혹한 전쟁 중에도 온정의 순간들은 있었어요. 사람들은 전쟁터 안팎에서 부상자를 돕고, 민간인을 보호하고 구조했으며, 고아들을 보살폈어요. 용감한 사람들은 전쟁 중에도 어떻게든 온정의 손길을 베풀 방법을 찾은 거예요.

마예 하이츠의 천사

리처드 R. 커클랜드 병장은 남북 전쟁에 나가 싸운 남부 군인이었어요. 1862년, 프레더릭스버그 전투 당시, 그는 마예 하이츠 기지에 쓰러진 부상병들의 고통에 찬 신음 소리를 들었어요. 그들의 울부짖음을 외면할 수 없었던 커클랜드는 자신을 보호하던 차폐물을 넘어갔어요. 처음에는 부상병에게 물을 먹여 주는 그를 향해 총알이 날아왔지만, 그의 동정심 가득한 마음을 알아챈 병사들은 적군 아군 할 것 없이 하나둘 환호하기 시작했어요! 그렇게 그에겐 '마예 하이츠의 천사'라는 별명이 생겼어요.

적십자 운동

1863년에 일어난 제2차 이탈리아 독립 전쟁은 치열했어요. 전쟁의 참상을 목격한 스위스의 사업가, 앙리 뒤낭은 충격과 함께 깊은 슬픔을 맛보았지요. 그는 각국 지도자들에게 전쟁 희생자들을 돕기 위한 행동에 나설 것을 당부했어요. 그러다 그의 머릿속에 또 한 가지 생각이 스쳐 지나갔어요. 바로 전쟁 중에 갖가지 도움을 줄 봉사자들을 양성하는 것이었지요. 그렇게 '국제 적십자사'와 '적신월사'가 결성되었어요. 이 기구들은 온 세계의 전쟁과 폭력 희생자들을 보호하고 돕는 일을 해요.

안네 프랑크의 친구

제2차 세계 대전은 1939년부터 1945년까지 계속되었어요. 이 기간 동안 나치 독일 정부는 유대인들을 차별하고, 6백만 명이나 되는 사람들을 죽였지요. 수많은 유대인은 숨어 살아야 했어요. 안네의 가족도 네덜란드 암스테르담에 있는 회사 건물 다락방에 숨어 지냈어요. 당시 아버지 회사의 직원이던 미프 히스가 위험을 무릅쓰고 안네 가족에게 양식과 생필품을 몰래 가져다주었어요. 10대였던 안네 프랑크는 숨어 사는 동안 일기를 쓰며 시간을 보냈어요. 안타깝게도 프랑크 일가는 1944년 발각되었고, 그 후 몇 달이 채 지나지 않아 안네와 어머니, 그리고 언니 모두 세상을 떠나고 말았어요. 미프 히스는 안네의 일기를 보관해 오다가, 전쟁이 끝날 때까지 살아남았던 아버지, 오토에게 전해 주었어요. 오토는 안네의 일기를 출간했고, 온 세상 사람이 미프 히스의 선한 행동에 대해 알게 되었어요.

르완다 대학살의 영웅

아프리카 르완다에는 후투족과 투치족, 두 부족이 있어요. 1994년, 이들 두 부족 간의 갈등으로 끔찍한 내전이 일어났어요. 주라 카루힘비라는 후투족 여인은 되도록 많은 투치족 사람을 구하러 나섰어요. 카루힘비는 투치족 사람들을 자신의 두 칸짜리 작은 집과 근처 들판에 숨겨 줬어요. 군인들에게 들키면 함께 처형될 수도 있다는 것을 알면서도 말이에요. 군인들에게 맞설 카루힘비의 유일한 무기는 겁을 줘서 군인들을 물리치는 것뿐이었어요. 카루힘비는 군인들이 자신과 사람들을 해친다면, 그들과 그 가족들에게 유령을 풀어 놓겠다고 위협했어요. 놀랍게도 이 방법은 통했어요! 이렇게 그녀가 구한 사람은 백 명도 넘을 거예요.

발칸반도 분쟁에서의 용기

1990년대 들어 유럽의 발칸반도는 분쟁으로 분열되었어요. 이 시기에 수많은 보스니아계 이슬람교도들이 세르비아계 군에 죽임을 당했어요. 하지만 어떤 사람들은 명령에 따르지 않고 어려움에 처한 사람을 도왔어요. 그중 한 사람이 세르비아인 경찰관, 페로였어요. 그는 보스니아인 이웃들이 국외로 달아날 수 있도록 문서를 위조해 줬어요. 이렇게 탈출한 이웃 중 한 명이 12살 소년, 케난 트레빈체비크였지요. 페로 덕분에 케난과 그의 가족은 미국으로 망명하여 새로운 삶을 시작할 수 있었어요.

다른 사람을 위해 나선다는 것

때로는 한 개인이나 단체를 위해 남들이 대신 나서 줘야 할 때가 있어요. 대개는 그들이 사회 안에서 아직 자기 목소리를 가지지 못했기 때문이에요. 그런 경우, 소셜 미디어나 글, 노래를 통해 자신의 목소리를 키울 수 있어요. 나는 평생 사람과 지구를 대신해 목소리를 내려고 노력해 왔어요. 처음에는 도보 순례 여행을 통해서였고, 지금은 지구를 살리는 강연을 통해 실천하고 있지요.

음악의 힘

2020년, 미국 로스앤젤레스에 사는 10살 여자아이 밀라 데 라 가자는 반 아이들에게 인종 차별을 당했어요. 밀라와 밀라가 속한 밴드 '린다 린다스'는 목소리를 내기로 마음먹었어요. 그들은 억압받는 사람들에게 힘을 실어 줄 노래를 지어 불렀어요. 목소리를 내지 못하는 사람들을 위해 대신 나서 주고 싶었거든요. 그들이 부른 펑크 록 음악은 인종 차별을 했던 소년의 행동을 비판했고, 노래는 이내 널리 퍼져 나갔어요. '린다 린다스' 밴드는 자신의 견해를 알리는 데 음악을 이용한 거예요. '린다 린다스'의 음악을 들은 사람들은 자신이 혼자가 아니란 것을 깨달았어요.

축구장 너머로

마커스 래시퍼드는 영국의 축구 선수예요. 2020년, 그는 자신의 명성을 이용해 스포츠 그 이상의 가치를 이루기 위해 나섰어요. 영국의 많은 어린이에게 학기뿐만 아니라 방학 중에도 무료 식권을 주자는 캠페인을 벌인 거예요. 그는 가난한 집안에서 자랐기 때문에 음식을 식탁에 내놓는다는 게 얼마나 어려운 일인지 알았어요. 래시퍼드는 형편이 어려운 사람들을 위해 대신 나서 주고 싶었어요. 그는 "그들에게 목소리가 없다면, 내 목소리를 빌려주겠어요."라고 말했어요. 그러자 사람들은 크게 환호했어요. 이제는 저소득층 어린이들에게 무료 식사를 제공하는 식당들도 많아지고 있다고 해요.

힙합 환경 운동

힙합 가수 시우테스카틀 마르티네즈는 6살 때부터 기후 운동을 했어요. 아즈텍 인디언의 후예로 자란 마르티네즈는 지구에 대한 사랑을 타고난 아이였어요. 그는 지구를 사랑하는 일이 사람을 사랑하는 일과 깊게 연관되어 있다고 믿었어요. 마르티네즈는 '어스 가디언즈(지구 지킴이)'의 3세대 공동 설립자예요. 이 단체는 정치인들에게 기후 변화가 인디언 원주민 공동체와 이 세계에 끼치는 영향에 대해 알리는 일을 해요. 마르티네즈는 힙합이란 장르를 통해 이런 메시지를 세계 곳곳에 전하고 있어요.

평화 시위

시위는 무언가가 부당하다는 생각을 표현하는 방법 중 하나예요. 나는 석유를 사용하지 않음으로써 지구를 함부로 오염시키면 안 된다는 생각을 표현했어요. 무언가에 저항하는 방법은 아주 다양해요. 그러니 많은 사람이 함께하면 더욱 큰 힘이 될 거예요. 사람이 모일수록 정부 역시 관심을 기울일 것이고, 더 나은 방향으로 나아가도록 노력할 거예요.

소금 행진을 이끈 마하트마 간디

1858년부터 1947년까지, 인도는 영국의 식민지였어요. 인도인들은 온갖 착취를 당했고, 영국인의 억압을 받았지요. 한 예로, 영국은 인도인의 소금 생산과 판매를 금지했어요. 인도인들에게 소금은 꼭 필요한 재료였지만, 어쩔 수 없이 영국에서 사들여 와야만 했지요. 인도인 변호사이자 사회 활동가 마하트마 간디는 이에 항의하기로 했어요. 1930년 3월 12일, 간디와 그의 지지자들은 24일에 걸친 행진을 시작했어요. 그들은 소금을 채취하러 바다까지 걸어갔어요. 수많은 사람이 함께 참여한 이 운동은 전국으로 퍼져 나갔어요. 이 일을 계기로 인도는 영국의 지배에서 벗어나게 되었어요.

노래가 부른 혁명

에스토니아는 다른 나라들의 통치 아래, 여러 해 동안 많은 시련을 겪었어요. 1944년에는 구소련에 합병되었고, 그 때문에 에스토니아의 전통이 대부분 사라지게 되었어요. 사라진 전통 중 하나가 합창이었는데, 에스토니아 사람들은 합창을 평화 시위 방법으로 이용하기로 했어요. 1987년, 에스토니아인들은 대규모 집회를 열었어요. 그리고 저항의 표시로 손에 손을 잡고 자신들의 국가를 불렀어요. 1988년에는 10만 명이 모여 함께 저항의 노래를 부르며 닷새 밤을 보내기도 했어요. 1991년, 에스토니아는 마침내 독립할 수 있었어요.

흑인의 생명도 중요하다

미국에 사는 흑인들은 공권력과 경찰에 인종 차별과 폭력을 당하고, 심지어 목숨을 잃는 일도 많았어요. 2013년, 사회 활동가 파트리스 컬로스, 알리시아 가자, 오팔 토메티는 더 이상 참지 않기로 했어요. 이들은 흑인의 존엄성과 안전할 권리를 주장하는 '흑인의 생명도 중요하다(BLACK LIVES MATTER, BLM)' 운동에 나섰어요. 온정과 인도주의 정신으로 모든 사람이 함께 평화 시위를 하는 것이 그들의 목표였어요. 2020년, 미국 미니애폴리스에서는 흑인 조지 플로이드가 경찰의 과잉 진압으로 목숨을 잃는 일이 일어났어요. 전 세계 사람을 슬픔과 분노에 잠기게 한 이 사건은 저항 운동에 불을 지폈지요. 수백만의 사람이 한마음 한뜻으로 이 운동에 참여했어요.

자리를 내주지 않은 로자 파크스

1955년, 미국 남부에서는 흑인과 백인을 분리하는 정책이 시행되고 있었어요. 한 예로, 흑인들은 버스를 탈 때 맨 뒤쪽의 지정된 좌석에만 앉아야 했어요. 어느 날 사회 활동가 로자 파크스가 버스를 타고 집에 가는데, 운전기사가 앞좌석에 앉은 로자에게 자리를 비우고 백인 승객에게 양보하라고 요구했어요. 그러나 로자는 꿈쩍도 하지 않았고, 결국 체포되어 감옥에 갇히고 말았어요. 이 일을 계기로 수많은 흑인들이 버스 탑승 거부 운동을 벌이게 되었어요. 이러한 저항 운동 덕분에 마침내 불평등한 규칙들이 하나둘 바뀌게 된 거예요.

여성들의 시위

2017년에는 세계 곳곳에서 약 5백만 명이 각종 차별 반대 시위를 벌였어요. 시위대는 여성과 여자아이들에 대한 차별에 저항하고, 평등할 권리를 주장했어요. 또 성 소수자와 시민의 평등권 및 환경 보호를 위해서도 목소리를 냈어요. 여성과 여러 소수자를 차별하는 일이 늘고 있다는 우려 때문이었지요. 시위에 참여한 사람 모두는 이런 차별을 그냥 두고 보지 않겠다는 마음이었어요.

자연을 지킨다는 것

자연도 사람 못지않게 우리의 친절이 필요해요. 환경을 보호함으로써 우리는 우리가 살고 있는 이 세상을 보호할 수 있어요. 오늘날 지구를 돌보는 일은 미래의 모든 생명체에게 친절을 베푸는 것과 같아요. 이제 전 세계 사람이 지구를 보살펴야 한다는 사실을 알게 되었고, 그에 필요한 행동을 실천하기로 마음먹었어요. 자연을 돌보는 일은 특별한 종류의 친절이에요.

그린벨트 운동

왕가리 마타이는 1940년 케냐에서 태어났어요. 미국에서 대학을 마치고 돌아온 왕가리는 고향 마을 숲의 나무들이 잘려 나가는 것을 보았어요. 마을 사람들에게 먹을 음식과 그늘을 선물하던 나무들이었지요. 안타깝게도 그렇게 나무가 잘려 나간 삼림은 케냐에 수도 없이 많았어요. 1977년, 왕가리는 '그린벨트 운동'을 시작했어요. 이 운동은 여성들에게 자기 마을에 나무를 심도록 장려하는 운동이었어요. 나무를 베어서 팔고자 했던 사람들은 왕가리 마타이의 운동에 몹시 화를 냈어요. 왕가리는 체포되었고, 심지어 구타까지 당했어요. 그러나 왕가리의 명민함과 강인함, 그리고 친절함 덕분에 그린벨트 운동은 마침내 성공을 거두었어요. 이 운동에 참여한 지역에서는 지금까지 5천백만 그루가 넘는 나무를 심었어요.

원자력이요? 필요 없어요!

1950년대에 발명된 원자력은 연료 산업에 엄청난 변화를 가져왔어요. 원자력은 핵반응에서 얻은 열을 이용해 에너지를 생산해요. 어떤 사람들은 원자력이 화석 연료처럼 매연을 발생시키지 않기 때문에 좋은 에너지라고 생각해요. 그러나 원자력은 사람과 환경에 위험한 폐기물을 남겨요. 폐기물은 수백 년 동안 없어지지 않고 남아 지구를 오염시키는 거예요! 원자력의 위험성을 알게 된 사람들은 1960년과 1970년대에 걸쳐 핵 발전 반대 운동을 시작했어요. '스마일링 선(웃는 태양)' 로고는 이 운동의 상징이 되었어요. 오늘날에도 이 로고는 반핵의 표시로 쓰이고 있어요.

기후 변화를 막기 위한 등교 거부

스웨덴의 환경 운동가 그레타 툰베리는 8살 때 기후 변화가 지구에 끼치는 피해가 얼마나 큰지 처음 알게 되었어요. 그날 이후, 그레타는 지구별에 대한 걱정을 떨칠 수가 없었어요. 15살이 된 그레타는 금요일마다 등교를 거부하고 정부 청사 앞에 앉아 시위를 시작했어요. 그레타의 시위는 지구 온난화에 대한 경각심을 불러일으켰고, 이내 많은 사람이 시위에 동참했어요. 시위는 전 세계로 퍼져 나갔어요. 그레타는 기후 변화를 저지하는 행동에 나설 것을 요구하기 위해 돛단배를 타고 여러 나라를 방문했어요. 지금도 그레타는 세계 지도자들을 만나 대화를 나누고, 우리 모두가 보다 밝은 미래로 나아 갈 수 있도록 기후 운동을 멈추지 않고 있어요. 그레타 만세!

비닐봉지, 이제 그만!

인도네시아 발리에 사는 멜라티와 이사벨 위즌 자매는 바닷가에서 밀려와 쌓이는 쓰레기에 그만 지치고 말았어요. 아름다운 발리섬 해변이 버려진 비닐봉지로 엉망이 되었거든요. 두 자매는 행동에 나섰어요. 2013년, 그들은 비닐봉지 사용을 금지하자는 캠페인을 시작했고, 정부에게 동참하기를 요구했어요. 4년 뒤, 발리 정부는 일회용 비닐봉지와 빨대 사용을 금지했고, 플라스틱 공해를 줄이는 데 1억 달러를 투자하기로 약속했어요.

날마다 친절

친절은 누구나 베풀 수 있어요. 대부분의 사람은 자신도 모르는 사이에 매일같이 친절을 베풀고 있어요. 이제부터 우리가 매일매일 실천하는 친절한 행동 몇 가지를 소개하려 해요. 여기서 소개하는 친절은 사소하지만 다른 사람의 기분을 좋게 만들어 주기 충분해요. 이러한 작은 행동들을 실천함으로써, 우리는 친절이 온 세상에 퍼져 나가게 할 수 있어요.

친절의 날

〈로저 아저씨네 이웃들〉은 1968년부터 2001년까지 방영된 미국 텔레비전 프로그램이에요. 진행자 프레드 로저는 아이들에게 감정, 우정, 친절과 수용에 대해 가르쳐 줬어요. 2019년, 로저의 고향 펜실베이니아주에서는 친절의 날을 제정했어요. 자신이 실천한 선행을 사람들에게 이야기하고, 2003년에 세상을 떠난 로저 아저씨를 추모하기 위한 날이었지요.

당신은 아름다워요!

2008년 어느 날, 미국 작가 케이틀린 보일은 기분이 우울했어요. 케이틀린은 기분을 전환하기 위해 남들이 기뻐할 만한 일을 하기로 했어요. 그건 바로 쪽지에 익명으로 메시지를 적어 공공장소에 붙이는 것이었어요. 쪽지에는 "당신은 아름다워요!", "당신은 사랑받는 사람입니다!" 같은 내용이 적혀 있었어요. 케이틀린의 이 선행은 '당신은 아름다워요 작업'이라고 부르는 캠페인으로 번졌고, 많은 사람이 캠페인에 참여하게 되었어요. 이후 자존감을 높여 주는 따뜻한 쪽지들이 세계 곳곳에 나붙게 되었어요.

친절의 벽

2015년, 이란에서는 '친절의 벽'이라고 부르는 새로운 전통이 생겨났어요. 이란의 한 도시에서 처음 생겨난 이 벽들은 전국으로 퍼져 나갔어요. 친절의 벽에는 줄줄이 못이 박혀 있었는데, 누군가 안 입는 옷을 가져와 벽에 걸어 놓으면 필요한 사람이 가져가 입을 수 있었어요. 추운 겨울, 따뜻한 옷가지가 필요한 노숙자들에게 특히 도움이 되었지요. 어떤 벽에는 구두와 책 같은 물건이 걸려 있기도 했어요.

재능 기부

런던의 이발사 조슈아 쿰스는 날마다 많은 노숙자와 마주쳤어요. 그들에게 도움을 주고 싶었던 그는 무료 이발을 해 주기로 했어요. 자신의 이발 솜씨로 노숙자들의 기분을 좋아지게 해 준 거예요. 조슈아 역시 그 일을 하면서 고립된 사람들과 소통하고 연결되는 뿌듯함을 맛볼 수 있었어요. 그는 다른 사람들도 함께할 수 있도록 '#재능 기부' 캠페인을 시작했어요. 수의사도 캠페인에 참여해, 노숙자들의 반려견을 보살펴 주기도 했지요.

맡겨 두는 커피

'맡겨 두는 커피'란, 누군가를 위해 커피값(혹은 음식값이나 다른 음료값)을 미리 치러 두는 캠페인을 말해요. 카페 주인은 돈을 받아 두었다가, 다른 사람이 마실 음료값으로 그 돈을 쓰는 거죠. 돈이 없거나 위로가 필요한 타인에게 베푸는, 모르는 사람의 작은 친절인 거예요. 친절을 베푼 사람은 누군가의 하루를 행복하게 만들어 준 것에 흐뭇해하며 자리를 뜨겠죠?

매일매일 나에게 친절해요

나 자신을 돌보는 일

지금까지 우리는 남에게 친절을 베푸는 사람들의 따뜻한 이야기를 함께 읽어 보았어요. 하지만 우리는 나 자신에게도 친절할 필요가 있다는 사실을 기억해야 해요. 자기 자신을 돌보는 일은 삶에 대해 따뜻한 시선을 갖기 위한 첫걸음이에요. 내가 건강하고 행복하지 않은데, 어떻게 남에게 친절할 수 있겠어요? 자, 속도를 늦추고 세상에서 제일 중요한 사람, 즉 나 자신을 보살피는 방법들을 함께 알아봐요.

몸의 소리에 귀 기울이기

나 자신을 돌보는 가장 손쉬운 방법은 몸이 느끼는 감정에 귀를 기울이는 거예요. 배가 고프거나 목이 마르진 않은지, 피곤한지, 기운이 넘치는지 등을 살피는 거죠. 내 몸을 행복하게 하려면 무엇을 해야 할까요? 간식을 먹거나, 낮잠을 자거나, 공원을 산책할 수도 있겠지요. 머리를 쉬게 하려면 어떻게 해야 하는지도 살펴봐야 해요. 소파에 편안하게 앉아 책을 읽거나, 아니면 영화를 볼 수도 있을 거예요. 내 기분이 좋아지는 일을 하는 것이야말로 나를 돌보는 가장 훌륭한 방법이에요. 자신과 남을 다치게 하거나, 불쾌하게 하는 일만 아니면 무엇이든 괜찮아요!

여유 가지기

우리는 한낱 인간일 뿐이에요. 이 말은, 누구도 항상 모든 것을 다 잘할 수는 없다는 뜻이지요. 하지만 그래도 괜찮다는 사실을 잊지 마세요. 완벽한 사람은 아무도 없거든요. 우리가 할 수 있는 일은 단지 최선을 다하는 것뿐이죠. 인간은 융통성 있는 동물이라 과거에서 배울 줄 알아요. 그러니 혹시 누군가에게 상처를 줬다거나, 생각 없이 행동했다 할지라도 걱정하지 말아요! 그냥 진심으로 사과하면 돼요. 자신을 용서하고, 다음에 더 잘하면 되는 거죠. 우리는 실수를 통해 배우니까요.

마음 챙김

세상은 참으로 바쁜 곳이지요. 그래서 때때로 속도를 늦추고 쉬어 갈 필요가 있어요. 잠깐 멈춰 서서 주변 사물과 내 기분을 살펴보는 일을 '마음 챙김'이라고 해요. 마음 챙김은 여러 긍정적인 효과를 가져다줘요. 우리 자신과 남들에 대해 좀 더 잘 알게 해 주고, 다른 사람의 말에 공감을 더 잘할 수 있게 도와줘요. 또 배려 깊은 사람으로 만들어 주지요. 마음 챙김을 수련하는 한 가지 방법은 매일매일 일어나는 일들에 주의를 기울이는 거예요. 예를 들어, 내가 먹는 음식이나 창밖의 새소리에 집중해 보는 거죠. 뭔가 새로운 걸 시도해 볼 수도 있을 거예요. 저녁 식사를 할 때 원래 앉던 의자 말고 다른 의자에 앉아 보는 것도 방법일 수 있어요. 이렇게 하면 세상을 새로운 각도에서 바라볼 수 있을 거예요.

좋은 마음가짐

이 책에 나오는 사람들은 황금률을 따르며 살고 있어요. 황금률은 내가 남에게 대접받고 싶은 만큼 남을 대접하려는 마음가짐을 뜻하는 말이에요. 황금률을 따르는 사람은 다른 사람의 감정을 배려할 줄 알고, 인정이 많아요. 인정, 즉 동정심을 가진다는 것은 행동만을 말하는 게 아니에요. 그 말은 우리가 생각하는 방식을 뜻하기도 해요. 옆집 아이에서부터 역사상 가장 유명한 사람에 이르기까지, 우리 모두는 다른 사람을 배려하고 친절을 베풀려는 자세를 가져야 해요. 그러고 싶지 않을 때도 말이죠!

미안하다고 말하기

혹시 누군가에게 상처를 주거나 무례하게 군 적이 있나요? 만약 없다면 다행이에요! 그런 적이 있다면, 뭐, 그래도 괜찮아요. 괜히 기분이 나쁜 날도 있기 마련이니까요. 중요한 것은 자신이 잘못했다는 걸 깨달았을 때 어떻게 행동하느냐예요. 그럴 땐 "말 한마디로 천 냥 빚을 갚는다"는 속담을 잊지 말아야 해요. 우리는 실수를 통해 배우고 성장할 수 있어요. 과거에 내가 한 말이나 행동을 바꿀 수는 없지만, 미래에 일어날 일을 조심할 수는 있지요.

용서하기

나는 관용과 용서에 관한 이야기를 좋아해요. 그중 넬슨 만델라의 이야기를 들려주려 해요. 그는 남아프리카 공화국의 대통령이었어요. 1964년, 만델라는 '아파르트헤이트'에 반대하다가 종신형을 선고받았어요. '아파르트헤이트'란 남아프리카에서 시행했던 흑인 인종 차별 및 분리 정책을 말해요. 평화를 사랑했던 만델라는 감옥에 있을 때 간수들에게 정중하게 대했어요. 27년이 지나 만델라가 석방되었을 때, 그는 간수들과 친구가 되어 있었지요. 만델라는 자신에게 못되게 굴었던 간수들을 용서했어요. 간수들 중에는 만델라의 인품에 감동해 흑백 분리 정책에 대한 자신의 생각을 바꾼 사람도 있었어요. 만델라의 이야기는 용서를 하면 좋은 일이 생긴다는 것을 보여 줘요. 화를 풀지 않고 불만을 계속 품고 있으면 불행해지기 쉽답니다.

1일 1선

착한 일을 할 준비가 되었나요? 그럼 1일 1선, 즉 날마다 착한 일 한 가지씩을 실천해 보는 건 어때요? 이런 행동들이 나와 내 주변 사람들에게 어떤 영향을 주는지 살펴보세요. 뭐든 하다 보면 더 잘하게 되는 법이죠. 착한 일도 하면 할수록 더 쉬워진답니다. 일단 친절을 베풀기로 마음먹고 나면, 그럴 기회가 찾아왔을 때 더 잘 알아차릴 수 있을 거예요. 우선 쉬운 일부터 시작해 보세요.

작은 일부터 시작하기

그리스의 작가 이솝은 우화로 유명하지요. 〈이솝 우화〉에는 생쥐를 살려 준 사자 이야기가 나와요. 나중에 이 생쥐는 덫에 걸린 사자의 목숨을 구해 줘요. 이 이야기의 교훈은, 그 어떤 친절한 행동도 헛되지 않다는 거예요. 〈이솝 우화〉 속 이야기는 오늘날에도 같은 교훈을 줘요. 1일 1선, 날마다 착한 일 한 가지씩 실천하기는 모르는 사람에게 미소를 짓는 일이나, 친구와 사탕을 나눠 먹는 일처럼 아주 작은 행동에서부터 시작돼요.

칭찬하기

칭찬을 들으면 어떤가요? 기분이 좋아지겠죠? 평소 상대방에 대해 좋게 생각했던 점이나, 고맙게 여기는 점을 말해 주는 것도 다른 사람의 기분을 좋아지게 하는 멋진 방법이에요. 편지나 쪽지로 그 사람이 얼마나 멋진지 말해 줘도 좋겠지요.

감사하기

부모님이나 선생님, 혹은 주변 어른들이 여러분을 매일매일 보살펴 주고 계신가요? 그럼 잠깐 짬을 내어 그분들이 해 주시는 일들을 헤아려 볼까요? 그러곤 "감사합니다!" 하고 크게 말하는 거예요. 여러분이 어른들에게 해 드릴 만한 착한 일은 뭐가 있을까요? 무엇이 되었든 그분들을 귀찮게 하지 않을 만한 일이어야겠죠? 만약 카드나 선물을 드리기로 했다면, 다 만든 다음 뒷정리를 하는 게 좋을 거예요. 따뜻한 말 한마디나 포옹도 훌륭한 감사 인사가 될 수 있어요.

나가는 말

친절이 없었다면 나는 인생의 여정에서 지금까지 살아남지 못했을 거예요. 어찌어찌 살아남았다 해도, 그 삶은 무척 절망적이었을 테죠. 나는 미래를 생각할 때, 그리고 그 삶에서 친절이 얼마나 중요한지 생각할 때면 먼저 현재를 유심히 살펴봐요. 그러곤 이 책에서 그랬던 것처럼, 과거를 돌아보지요.

나는 미래에는 친절함이 폭력과 분노에 맞설 수 있다고 생각해요. 그래서 사람과 자연이 조화롭게 공존할 수 있기를 바라요. 저마다 생각이 다를 순 있겠지만, 배려와 온정은 우리 서로를 단단히 묶어 주고, 우리를 갈라놓게 했던 상처들을 치유해 줄 거예요.

이 책에 나온 이야기들이 재미있었나요? 여러분이 이 이야기를 읽고 났을 때, 일상 속에서 친절을 찾고 싶은 마음이 생겼으면 하는 바람이에요. 친절은 항상 우리 안에 있지만, 친절을 베푸는 일은 연습이 필요한 일이지요. 친절한 사람이 되는 것은 우리의 선택이에요. 나는 우리 모두가 살아 있는 내내 친절하기를 바라요.

자, 친절의 미래는 어떤 모습일까요?
그건 여러분의 손에 달려 있어요.

친절한 말들

우리 모두는 서로에게 친절을 베풀고, 지구를 잘 지켜 낼 능력을 충분히 갖추고 있어요. 때때로 약간의 격려가 필요할 순 있겠지만요. 지혜로운 말 몇 마디는 우리 안에 있는 착한 마음을 일깨우고, 친절을 베푸는 것이 쉬운 일이라는 사실을 깨닫게 할 거예요. 여기, 여러분을 일깨울 친절한 말들을 들어 보세요.

"중요한 사람이 되는 것은 좋은 일이다. 그러나 좋은 사람이 되는 것이 더 중요하다."
드웨인 존슨, 영화배우이자 레슬링 선수

"친절이 참으로 멋진 점은 공짜라는 것이다!"
레이디 가가, 작사·작곡가이자 가수, 영화배우

"타인에 대한 연민과 봉사는 나 자신을 포함한 우리 모두의 인간애를 고양시킨다."
데스몬드 투투, 남아프리카 공화국의 성공회 지도자이자 인종 차별 철폐 운동가

"누군가의 구름 속 무지개가 될 수 있도록 노력하라."
마야 안젤루, 미국의 시인이자 인권 운동가

"하나의 사랑, 하나의 마음. 우리, 함께해요. 기분이 좋아질 거예요."
밥 말리, 자메이카의 레게 음악 가수

낱말 풀이

고고학자
유물과 유적을 통해 옛 인류의 생활과 문화 등을 연구하는 학자.

고아
부모를 여의고 홀로 된 아이.

교훈
앞으로의 행동이나 생활에 지침이 될 만한 가르침.

구제
피해를 당해 어려운 처지에 있는 사람을 도와줌.

기근
먹을 양식이 부족하여 사람이 죽기도 하는 상황.

격언
진리를 일깨우거나 인생의 교훈이 될 만한 짧은 말.

경각심
정신을 차리고 조심하는 마음.

공감
다른 사람들이나 생명체들의 감정을 이해하는 능력.

관대
마음이 너그럽고 남에게 잘 베푸는 태도.

도교
고대 중국의 사상. 노자가 지은 책을 바탕으로 한다.

동등
권리, 의무, 기회 등이 차별 없이 고르고 똑같은 것.

동정심
남의 어려운 처지를 안타깝게 여기는 마음.

등록금
학교에서 공부하기 위해 내는 돈.

맹세
약속을 꼭 지키겠다고 다짐하는 것.

면역 체계
질병이나 감염과 싸우도록 만들어진 신체의 부분들로, 세포, 피부 조직, 장기 등이 포함되어 있다.

멸종 위기
생물의 한 종류가 완전히 없어질 수도 있는 위험 상황.

민간인
군인이나 경찰 혹은 소방관 등의 관리가 아닌 일반 사람.

민족
오랜 세월에 걸쳐 함께 생활하면서 형성된 풍습, 전통이나 종교 등이 같은 사회 집단.

비폭력주의
부정한 권력이나 정치 체제에 대해 폭력을 사용하지 않고 저항하는 사상.

백신
질병 예방을 위해 사람이나 동물에게 먹이거나 주사하는 약물.

분리 정책
인종이나 종교가 다른 사람들을 서로 떼어 놓는 방침이나 관행.

불법
법에 어긋나거나 금지된 것.

빈곤
수입이나 재산이 적어서 살림살이가 어려움.

상형 문자
물건의 모양을 본떠서 만든 글자.

선포
세상에 널리 알림.

아파르트헤이트
예전 남아프리카 공화국의 인종 차별 정책. 백인이 아닌 인종은 백인 거주 지역에서 떨어져 살아야 했다.

위조
어떤 물건을 속일 목적으로 꾸며 진짜처럼 만듦.

우화
동물이나 식물, 기타 사물이 주인공인 교훈을 주는 짧은 이야기.

이타주의
자신보다 남을 배려하고 걱정하는 행동.

억압
자기의 뜻대로 행동하지 못하도록 억지로 억누름.

연민
불쌍하고 가련하게 여기는 마음.

익명
이름을 숨겨서 알려지지 않음.

인종 차별
편견 때문에 특정 인종의 개인이나 집단을 나쁘게 대하는 것.

잉카 제국
지금의 남미 에콰도르 북부에서 칠레 중부에 이르는 지역으로, 1400년대부터 1530년대까지 잉카족이 다스린 나라.

조상
자기 세대 이전의 모든 세대.

존중
다른 사람의 인격이나 사상, 행동 등을 높이 사는 것.

캠페인
어떤 목적을 위해 조직하여 지속적으로 벌이는 운동.

폐기물
못 쓰게 되어 버리는 물건.

팬데믹
매우 넓은 지역의 사람들에게 동시에 발생하는 감염병.

호르몬
몸 안의 여러 기관이나 조직의 작용을 촉진하거나 억제하는 물질.

화석 연료
생물이 땅속에 묻혀 굳어서 만들어진 연료. 천연가스, 석탄, 석유 등이 화석 연료들이다.

헌신
몸과 마음을 바쳐 있는 힘을 다함.

참고 자료

'나의 가족을 구해 준 은인 찾기', 슬레이트
https://slate.com/news-and-politics/2014/04/kenan-trebincevic-finds-the-man-who-saved-his-family-20-years-after-the-balkan-war.html

〈네안데르탈인 샤니다르 1의 외이도 외골증과 청력 상실〉, E. 트린카우스 S. 빌로트 공저, PLoS ONE, 2017년 호

노트플라   www.notpla.com

'당신은 아름다워요', 건강한 티핑 포인트   www.healthytippingpoint.com/ob

미래를 위한 금요일   www.fridaysforfuture.org

말랄라 기금   www.malala.org

'부고: 르완다 대학살 당시 수십 명의 목숨을 구했던 주라 카루힘비', BBC   https://www.bbc.co.uk/news/world-africa-46618482

비닐봉지, 이제 그만!   www.byebyeplasticbags.org

'번하드 윈터와의 대담, 포브스(2019년 유럽판) 과학과 의료 보건', 미디엄
https://medium.com/the-logician/an-interview-with-bernhard-winter-forbes-europe-2019-science-healthcare-369082e419f9

소녀 교육   www.educategirls.ngo/Home.aspx

씨빈   www.seabinproject.com

'야생 호랑이 두 배로', 세계자연기금   www.worldwildlife.org/initiatives/double-tigers

여성 행진   www.womensmarch.com

오논다가 네이션   www.onondaganation.org

유목민 클리닉   www.upaya.org/social-action/nomads-clinic

안네 프랑크의 집   www.annefrank.org/en

'음악을 통해 태어난 나라', 애틀랜틱   www.theatlantic.com/international/archive/2015/11/estonia-music-singing-revolution/415464

〈인류: 희망적인 역사〉, 러트저 브레그만 지음, 블룸즈베리 출판사, 2020

재능 기부(#Do Something For Nothing)   www.dosomethingfornothing.org

지구별 순례자   www.planetwalk.org

'지구 변화에 대응하여 즉시 행동에 나설 것을 촉구하는, 마음을 움직이는 호소', 그레타 툰베리, 테드x스톡홀름, 2018년 11월
www.ted.com/talks/greta_thunberg_the_disarming_case_to_act_right_now_on_climate_change?language=en

캡틴 톰   www.captaintom.org

타이타닉 박물관   www.titanicbelfast.com/history-of-titanic

흑인의 삶도 중요하다   www.blacklivesmatter.com

작가 소개

존 프란시스 글
존 프란시스는 환경 운동가이자 대중 연설가, 교육자예요. 존은 1971년 샌프란시스코만에서 발생한 기름 유출 사고를 목격한 후, 이에 저항하는 의미에서 22년 동안 자동차를 타지 않았고, 17년 동안 말을 하지 않았어요. 그 후 존은 환경 보호 단체인 '플래닛워크(Planetwalk)'를 설립하고 테드 강연을 했으며, 자신의 여정을 담은 책 두 권을 출간했어요. '플래닛 워커'라고도 불리는 존은 "환경이란 인권, 시민권, 경제적 형평성, 성 평등, 그 밖에도 우리가 물리적 환경뿐만 아니라 서로 상호 작용하는 모든 방식들을 아우르는 말입니다."라고 말해요.

조시 불록스 그림
조시 블록스는 그래픽 디자이너로 일을 시작했어요. 2009년, 허더즈필드 대학교에서 공간 디자인 석사 학위를 받은 후 인테리어 디자이너로 일했어요. 지금은 영국의 요크셔에서 살고 있어요.

최순희 옮김
미국 로스앤젤레스 시립 도서관에서 오랫동안 사서로 일했고, 지금은 글을 쓰며 번역을 하고 있어요. 옮긴 어린이책으로는 〈안녕, 나는 지구야!〉, 〈안녕, 나는 태양이야!〉, 〈안녕, 나는 화성이야!〉, 〈모든 것의 역사〉, 〈프레드릭〉, 〈트리갭의 샘물〉 등이 있어요.